ELIAS JOSÉ

BONECO MALUCO
E OUTROS POEMAS

ILUSTRAÇÕES
GUAZZELLI

Yellowfante

Copyright do texto © Herdeiros de Elias José (Érico Monteiro Elias – Me)
Copyright das ilustrações © Eloar Guazzelli

Todos os direitos reservados pela Editora Yellowfante. Nenhuma parte desta publicação poderá ser reproduzida, seja por meios mecânicos, eletrônicos, seja via cópia xerográfica, sem a autorização prévia da Editora.

EDITORA RESPONSÁVEL
Sonia Junqueira

REVISÃO
Júlia Sousa

EDIÇÃO DE ARTE
Diogo Droschi

Dados Internacionais de Catalogação na Publicação (CIP)
(Câmara Brasileira do Livro, SP, Brasil)

José, Elias
  Boneco maluco : e outros poemas / Elias José ; ilustrações Guazzelli. -- 1. ed. -- Belo Horizonte : Yellowfante, 2021.

  ISBN 978-65-88437-55-1

  1. Literatura infantojuvenil 2. Poesia - Literatura infantojuvenil I. Guazzelli II. Título.

21-72607   CDD-028.5

Índices para catálogo sistemático:
  1. Poesia : Literatura infantil 028.5
  2. Poesia : Literatura infantojuvenil 028.5

Aline Graziele Benitez - Bibliotecária - CRB-1/3129

A **YELLOWFANTE** É UMA EDITORA DO **GRUPO AUTÊNTICA**

Belo Horizonte
Rua Carlos Turner, 420
Silveira . 31140-520
Belo Horizonte . MG
Tel.: (55 31) 3465-4500

São Paulo
Av. Paulista, 2.073 . Conjunto Nacional
Horsa I . Sala 309 . Cerqueira César
01311-940 . São Paulo . SP
Tel.: (55 11) 3034-4468

www.editorayellowfante.com.br
SAC: atendimentoleitor@grupoautentica.com.br

5	BONECO MALUCO
6	SONHO
7	A SARACURA
9	NO RETRATO
10	NO RODÍZIO
12	ESPALHAFATO
13	CORUJICE
14	FERIADO
16	O VERÃO DA DONA VERINHA
17	IMAGINAÇÃO
19	PRECE
20	CONTA
21	DIVISÃO
22	ECOLÓGICOS
24	PEDIDO DE UM TURISTA
25	O TATU E A TOCA
27	CONCLUSÃO
29	DESPEDIDA

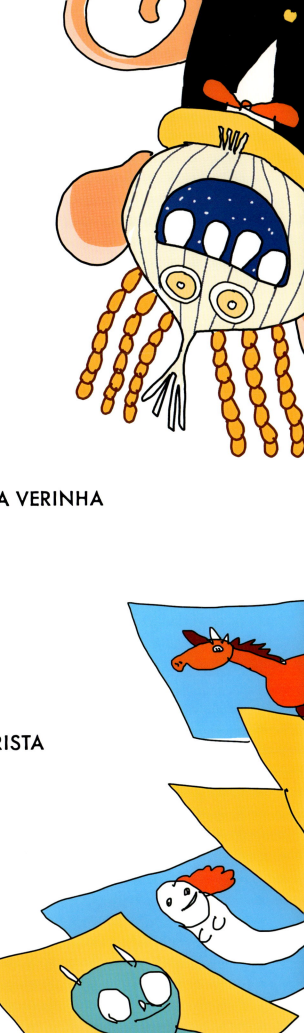

BONECO MALUCO

JOÃO MONTOU UM BONECO MALUCO COM:

CABEÇA DE CEBOLA

DENTES DE ALHO

DOIS ORELHÕES

BARRIGA DA PERNA

BRAÇOS DE CADEIRA

DEDOS DE PROSA

BOCA DA NOITE

CABELO DE MILHO

OLHOS-DE-SOGRA

PERNAS DE MESA

PÉS-DE-MOLEQUE

UNHAS-DE-FOME

SONHO

ESCOLHA SEU MELHOR SONHO.

PONHA O SEU SONHO PRA VOAR
NAS ASAS DE UM PASSARINHO,
DE UMA PIPA OU AVIÃO.
QUANDO SEU SONHO CHEGAR
LÁ NAS PORTINHAS DO CÉU,
UM ANJO DARÁ UM BEIJO NELE,
MANDARÁ O SONHO DE VOLTA
E ELE VAI VIRAR REALIDADE.

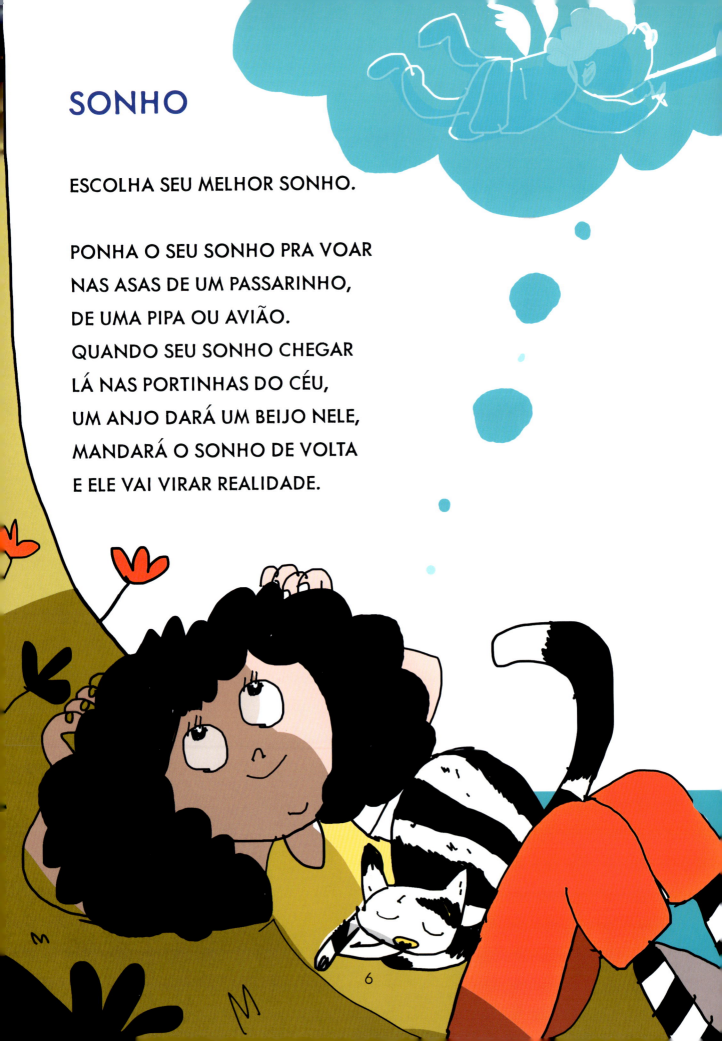

A SARACURA

NUM TAL DE PULA
QUE PULA,
A POBRE DA SARACURA
MACHUCOU A PERNA.

QUANDO É QUE VOCÊ SARA
ESSA PERNA, SARACURA?
– PERGUNTA A SAPA.

QUANDO É QUE VOCÊ CURA
ESSA PERNA, SARACURA?
– PERGUNTA O SAPO.

E NESTE SARA E CURA,
LÁ VAI MANCANDO
A POBRE DA SARACURA.

NO RETRATO

ESTE CARA CARRANCUDO,
BIGODUDO, TÃO SISUDO...

ESTE CARA DE CARA LISA,
TERNO ESCURO E COLETE,
MUITO BRANCA A CAMISA,
COM A GOLA LEVANTADA,
LENÇO NO BOLSO DE ENFEITE
E GRAVATA EXAGERADA...

ESTE CARA COM CARA DE SINHÔ,
DO MEU PAI É AVÔ,
LOGO, É MEU BISAVÔ.
MESMO PARECENDO GENTE RARA,
ESTOU GOSTANDO MUITO DESSE CARA!...

NO RODÍZIO

BOI, BOI,
PRA ONDE VOCÊ FOI?

FRÁGIL FRANGO
VIROU RANGO.

POBRE DO PORCO,
TUDO É POUCO.

E O CORAÇÃO DE GALINHA?
TÃO ROMÂNTICA, A COITADINHA...

E O SENHOR PEIXE
NEM GRITOU: – ME DEIXE!...

POR QUE NÃO O URUBU,
PRA COMEREM COM CHUCHU?

ESPALHAFATO

A GALINHA DO VIZINHO
FEZ UM ESPALHAFATO,
DIZENDO PRA TODO O POVO:
– BOTEI OVO! BOTEI OVO!

MAS ERA SÓ BOATO...

CORUJICE

A CARA CORUJA
NÃO ENCARA
A CARA DO SOL,
MAS À NOITE
FICA BEM NA SUA
CARA A CARA
COM A LUA.

FERIADO

PEDRO, PEDREIRO
E PINTOR DE PAREDE,
NO FERIADO,
BEM-HUMORADO,
SÓ PENSA EM FORRÓ
OU EM UMA BOA REDE.

O VERÃO DA DONA VERINHA

NO VERÃO,
DONA VERINHA,
BEM VELHINHA,
VESTE UM MAIÔ
BEM CAVADÃO.
BEM QUEIMADINHA,
MEXE COM O CORAÇÃO
DO SEU ROMÃO.

IMAGINAÇÃO

SE EU PEGO A INVENTAR,

VASSOURA VIRA CAVALO,
CHUCHU VIRA BOIZINHO,
BANANA VIRA LUA,
GARÇA VIRA BAILARINA,
MINHA MÃE VIRA SANTA,
MEU IRMÃOZINHO VIRA ET...
MINHA CIDADE VIRA CÉU,
QUALQUER RIO VIRA MAR,
LAMBARI VIRA TUBARÃO,
URUBU VIRA AVIÃO,
A LAVADEIRA VIRA SEREIA,
EU VIRO SAPO E VIRO PRÍNCIPE,
E A ANINHA VIRA CINDERELA.

PRECE

QUE O PÃO NOSSO
DE CADA DIA
SEJA UM PÃO DE AÇÚCAR.

QUE NÃO SEJA NUNCA
O PÃO QUE O DIABO AMASSOU.

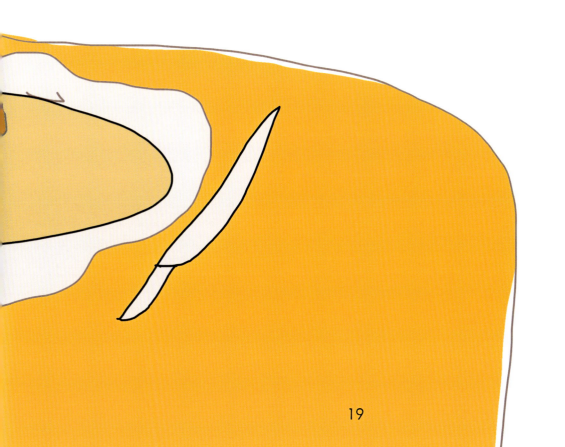

CONTA

O DINHEIRO NÃO CONTA?

ENTÃO ME CONTA:
AFINAL DE CONTAS,
COMO O CARA VAI
PAGAR A CONTA?

DIVISÃO

O MENINO PARTIU
O AMENDOIM
EM DUAS PARTES.
UMA PARTE GRITOU:
– AMÉM!
A OUTRA SUSSURROU:
– DOIM...

ECOLÓGICOS

QUEM MATA
A MATA
A SI MESMO
MATA.

COMETE CRIME
QUEM QUEBRA O GALHO
PRA PARENTES E AMIGOS?

PEDIDO DE UM TURISTA

EU QUERO PORQUE QUERO:

UM BELO HORIZONTE,
UM PORTO ALEGRE,
UMA ILHA BELA,
UMA PRAIA DOS COQUEIROS,
UM BOM JARDIM,
UM MONTE APRAZÍVEL,
UMA CAMPINA GRANDE,
UM RIBEIRÃO BONITO,
UMA BOA ESPERANÇA
E
UM BOM SUCESSO.

O TATU E A TOCA

FORA DA SUA TOCA,
O TATU GANHA VIDA
DE SETE GATAS,
ASAS DE PASSARINHO
E FÔLEGO DE PEIXE.

GANHA PÉ-DE-VENTO
E SE ESQUECE DO PESO
DA CASCA E DAS TATUAGENS.
APARECE E SE ESCONDE,
CORRE CORRE E CHIA
E QUASE CHEGA NA TURQUIA.

DENTRO DA SUA TOCA,
O TATU NEM SE TOCA.
E TOCA TODA A TURMA
A TRAMAR E A FALAR:
– SEU TATU, ONDE TÁ TU?
– SEU TATU, ONDE TÁ TU?

E O TATU NÃO TÁ NEM AÍ.
COMO UM METRÔ FELIZ,
VAI DO RIO A PARIS.

CONCLUSÃO

O BOI PRETO
DE MANCHAS BRANCAS
VIU O BOI BRANCO
DE MANCHAS PRETAS
E RIU QUE RIU
E RESMUNGOU:

– OU VOCÊ ROUBOU
AS MINHAS MANCHAS,
OU SOMOS OS DOIS
MEIO PARENTES!

O AUTOR

ELIAS JOSÉ | eliasjose.com.br

Nasceu em Santa Cruz do Prata (MG), no dia 25 de agosto de 1936, e faleceu em 2008. Elias José viveu toda a sua vida em Guaxupé (MG). Casou-se com Silvinha, com quem teve três filhos: Iara, Lívia e Érico. Ensinou literatura brasileira, foi diretor de escola pública, escreveu poesia e prosa para adultos, jovens e crianças. Publicou mais de uma centena de livros e ganhou diversos prêmios, entre eles o Jabuti.

O ILUSTRADOR

GUAZZELLI

Nasceu em Vacaria (RS) e reside em São Paulo. É artista plástico, quadrinista e diretor de arte para animação. Produziu vários álbuns em quadrinhos para diferentes editoras e ganhou diversos prêmios. Em 2015, recebeu o Prêmio Jabuti na categoria Adaptação para Quadrinhos. Em 2018, ganhou o Prêmio Esso-SP de Cenografia Teatral. Atualmente, é professor no curso de Animação da Fundação Armando Alvares Penteado (FAAP-SP), além de continuar ilustrando livros.

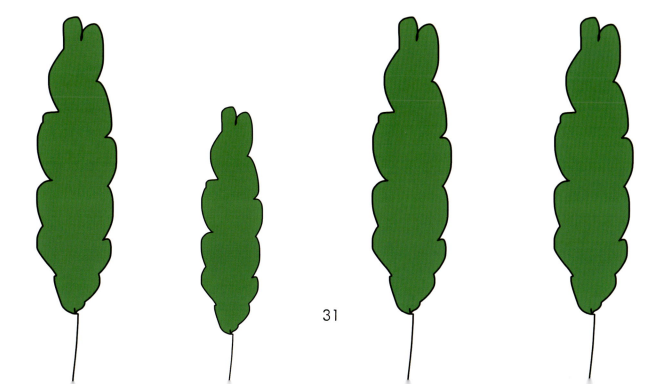

Este livro foi composto com tipografia Metallophile Sp8
e impresso em papel Couchê 150 g/m²
na Formato Artes Gráficas.